"Nos da, mami," meddai Betsan.

"Nos da, Anti Elin!" sibrydodd Roco.

Edrychodd Roco o'i gwmpas. Roedd yn gafael yn dynn yn ei gwningen wen.

Roedd yr ystafell yn dywyll, dywyll.

Doedd e ddim yn gallu gweld dim byd.

1

"Betsan, wyt ti'n gallu gweld rhywbeth?" gofynnodd Roco.

"Nag ydw siŵr! Mae'n dywyll achos mae hi'n nos!" chwarddodd Betsan.

"Oes ofn y tywyllwch arnat ti?"

"O Roco, rho'r gorau i holi, dw i 'di blino'n lân!"

"Nos da, Betsan!" sibrydodd Roco.

Rhoddodd Roco ei ben o dan y cwilt ac fe geisiodd fynd i gysgu.

2

Doedd Roco ddim yn gallu cysgu. Edrychodd o amgylch yr ystafell.

"A! Mae rhywun yma!" sgrechiodd Roco.

Deffrodd Betsan yn sydyn a chododd yn y gwely a tharo ei phen.

"Beth sy? Beth sy wedi digwydd? Aw! Fy mhen i!" cwynodd Betsan.

"Edrych ar y cwpwrdd dillad…!" meddai Roco.

"O Roco, fy nghrys i yw hwnna'n hongian," chwarddodd Betsan.

"Sut ydw i'n ei weld?" gofynnodd Roco yn syn.

"Mae golau'n dod o'r ffenest," atebodd Betsan.

Roedd Roco wedi dychryn. Roedd yn crynu fel deilen. Penderfynodd gau ei lygaid yn dynn, dynn ac aeth i gysgu o dan y gobennydd.

4

"Hwre! Mae'n ddiwrnod braf iawn," dywedodd Roco.

"Cofiwch roi digon o eli haul arnoch chi!" gwaeddodd mam Betsan.

"Beth wnawn ni heddiw?" gofynnodd Roco.

"Beth am chwarae gêm cuddio?" gofynnodd Betsan.

"Syniad gwych!" atebodd Roco yn llawen.

5

Aeth Betsan i guddio y tu ôl i'r sied.
Fydd Roco ddim yn gallu dod o hyd
i mi, fan 'ma, meddyliodd Betsan.

"Dw i'n dy weld di!" gwaeddodd
Roco.

Roedd Roco yn gallu gweld cysgod
Betsan ar y llawr.

6

"Edrycha ar dy gysgod Betsan!" gwaeddodd Roco.

"Dw i'n gallu gweld fy nghysgod!" dywedodd Betsan.

Rhedodd Betsan ar ôl ei chysgod.

Roedd Betsan yn ceisio dal ei chysgod.

"Wyt ti'n gallu dal fy nghysgod i?" gofynnodd Roco.

Ceisiodd Betsan ddal cysgod Roco.

Gorweddodd Betsan ar y gwair. Roedd hi wedi blino ar ôl rhedeg ar ôl ei chysgod.

Aeth Roco i weld y gath. Roedd y gath yn gorwedd yn braf yn yr haul.  Roedd y gath yn canu grwndi. Rhoddodd Roco gerrig bach o amgylch cysgod y gath.

9

"Drycha Roco. Dw i'n gallu gwneud siâp ci!" gwaeddodd Betsan yn hapus.

"Dw i'n gallu gwneud siâp cwningen," dywedodd Roco.

"Ble mae'r haul? Ydy golau'r haul yn gallu mynd trwy fy llaw?" meddyliodd Roco.

"Wyt ti'n gallu gwneud y cysgodion yn fwy neu'n llai?" gofynnodd Betsan.

"Dw i wedi cael syniad. Beth am wneud sioe bypedau?" awgrymodd Betsan.

"Pwy fydd yn y sioe? Sut mae gwneud y pypedau?" gofynnodd Roco.

"Bydd angen blanced wen a gallwn ni chwarae'r cymeriadau," esboniodd Betsan.

"Y fi ydy'r cadno," meddai Roco.

"A fi fydd y gwningen," atebodd Betsan.

Daeth mam a thad Betsan i weld y sioe bypedau.

Rhedodd y cadno ar ôl y gwningen.

"Dw i'n mynd i dy fwyta di!" meddai'r cadno gan lyfu ei wefusau.

"Plîs, paid â fy mwyta i," gwaeddodd y gwningen gan grynu.

12

"Pwy wnaeth hyn?" gofynnodd Betsan gan bwyntio at y cerrig.

"Fi," atebodd Roco.

"Beth yw e?" holodd Betsan.

"Dyma ble oedd cysgod y gath y bore 'ma!" atebodd Roco.

Edrychodd Betsan ar gysgod y gath. Doedd e ddim yn yr un lle nawr. Roedd y cysgod wedi symud. "Pam tybed?" meddyliodd Betsan.

"Mae gen i babell. Fe roddodd Dad y babell i fyny ddoe! Tyrd i weld y babell Roco!" dywedodd Betsan yn gyffrous.

"Wyt ti'n gallu gweld trwy'r babell?" gofynnodd Roco i Betsan.

"Na, ddim yn dda iawn," atebodd Betsan.

Roedd llawer o bethau yn y babell.

"Pa ddefnydd yw'r gorau i greu cysgod?"

"Wyt ti'n gallu gweld trwy'r defnydd yma? Dw i'n gallu gweld popeth trwy'r defnydd yma. Mae'r defnydd hwn yn ddefnydd tryloyw," dywedodd Betsan.

"Wyt ti'n gallu gweld trwy'r defnydd yma? Dw i ddim yn gallu gweld dim byd trwy'r defnydd yma! Mae'r defnydd hwn yn ddefnydd di-draidd felly," dywedodd Roco.

**16**

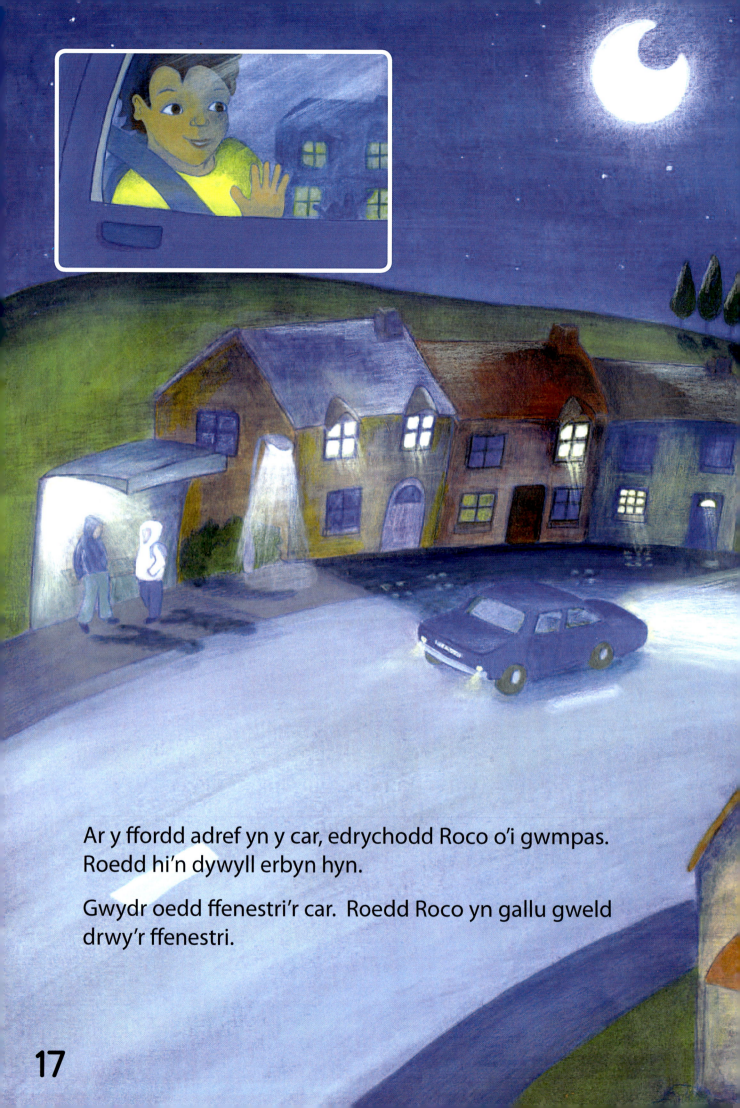

Ar y ffordd adref yn y car, edrychodd Roco o'i gwmpas. Roedd hi'n dywyll erbyn hyn.

Gwydr oedd ffenestri'r car. Roedd Roco yn gallu gweld drwy'r ffenestri.

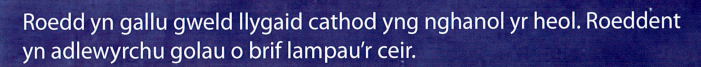

Roedd yn gallu gweld llygaid cathod yng nghanol yr heol. Roeddent yn adlewyrchu golau o brif lampau'r ceir.

Roedd yn gallu gweld lampau'r stryd. Roedd hyd yn oed yn gallu gweld cysgodion pobl yn aros wrth yr orsaf fysiau gan fod y bobl hynny yn blocio llwybr golau lampau'r stryd.

"Tybed a oes sêr yn yr awyr heno?" meddyliodd Roco...

# Geirfa

## tywyllwch

absenoldeb golau (dim ffynhonnell golau).

## ffynhonnell golau

haul - yn ffynhonnell o olau naturiol.
goleuadau trydan - yn ffynhonnell o olau
artiffisial (rhaid cael ffynhonnell golau i weld).

## nos

pan nad yw'r haul allan ac mae'n dywyll.

## di-draidd

defnydd sydd ddim yn gadael i olau fynd
drwyddo, e.e. pren, pobl, a.y.b.

# adlewyrchyddion

defnyddiau sy'n dda am adlewyrchu golau o'r ffynhonnell golau, e.e. gwrthrychau metel, sgleiniog, llygaid cathod ar yr heol.

# cysgod

cael eu creu pan mae rhywbeth yn rhwystro/blocio llwybr y golau, e.e. pan mae gwrthrych yn blocio llwybr yr haul – pelydrau.

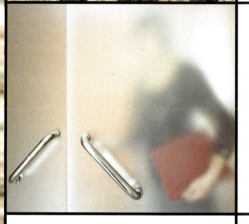

# tryleu

defnydd sy'n gadael i ychydig o olau lifo drwyddo.

# tryloyw

defnydd sy'n gadael i olau lifo drwyddo yn rhwydd, e.e. gwydr.